Natur aktiv

W0187171

Strand-Schätze sammeln

Alles, was du wissen musst!

moses.

Dieses Abenteuerbuch gehört:

....

- Informiere dich, wann Ebbe und Flut ist und beende deine Tour rechtzeitig vor der nächsten Flut.
- Achte auf Sturm-Warnzeichen am Strand.
- Wenn du Wertvolles am Strand findest, so gehört das nicht dir. Bringe es zur nächsten Polizei.

Strandräuber – die gab es wirklich!

Strandräuber waren Menschen, die frühmorgens den Spülsaum abliefen und sich die Dinge aneigneten, die das Meer an Land gespült hatte. Sie nahmen nur angespülte Wertgegenstände, Geräte und Ähnliches mit, das sich zu Geld machen ließ. An Muscheln und Federn hatten sie kein Interesse.

Strand-Schätze: Muscheln und Schnecken

Muschelschalen und Schneckenhäuschen gehören zu den häufigsten Funden am Strand. Doch viele Schneckengehäuse sind von einem Einsiedlerkrebs bewohnt, der sich bei Gefahr ins Haus zurückzieht. Lass diese Schneckenhäuser am Strand!

Häufige Muschelschalen:

Einsiedlerkrebs

Herzmuschel
bis zu 5 cm groß

Miesmuschel
bis zu 8 cm lang

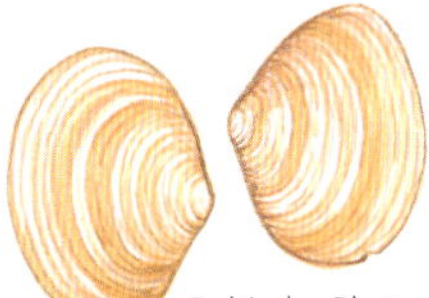

Baltische Plattmuschel
bis zu 3 cm groß

Sägezähnchen
bis zu 4 cm lang

Sandklaffmuschel
bis zu 15 cm lang

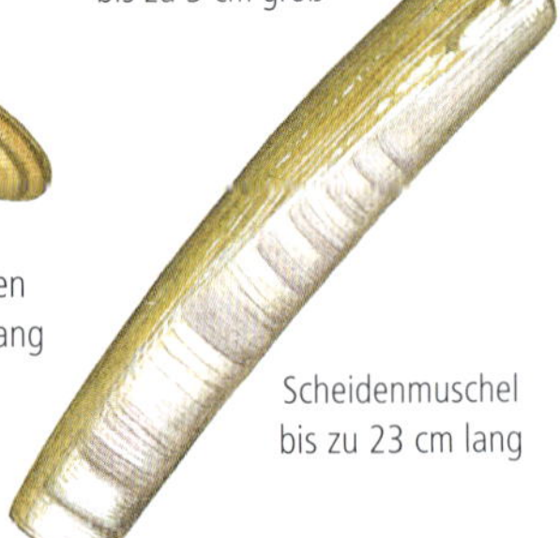

Scheidenmuschel
bis zu 23 cm lang

Muscheln angucken

Betrachte die Schalen genau und achte auf:

- außen die Zuwachsstreifen
- außen die Rippen, Höcker und andere Strukturen
- innen das Schloss
- innen die zwei Abdrücke der Schließmuskeln

Aha!

Ein kleines kreisrundes Loch in der Muschelschale stammt von der räuberischen Nabelschnecke; sie hat die Muschel überfallen und das Innere ausgefressen.

Wellhornschnecke
bis zu 11 cm lang

Häufige Schneckengehäuse:

Strandschnecke
bis zu 4 cm groß

Nabelschnecke
bis zu 2 cm groß

Wattschnecke
kürzer als 1 cm

Schneckengehäuse angucken

- Siehst du das innerste Ende der spiralig gewundenen Schale? So groß war die Schnecke einmal, als sie aus dem Ei kroch!
- Guck dir mehrere verschiedene Schneckengehäuse an. Fällt dir auf, dass manche links gewunden, andere rechts gewunden sind? Lege die Schneckenhäuschen so, dass die Mündung (= große Öffnung) zu dir zeigt.

Strand-Schätze: Schwemmholz

Schwemmholz ist ein toller Strandfund! Die angeschwemmten Äste und Zweige sind leicht. Weil sie oft viele Jahre lang im Wasser waren, haben manche bizarre Formen und Strukturen angenommen. Das „uralte" Aussehen verdanken sie dem Wasser und der Sonne.

Schau dir die gefundenen Schwemmholzstücke an und lass deine Fantasie spielen. An was erinnern sie dich? An Engel, Fische, Vögel und andere Fantasiegestalten? Dann bastle diese Dinge aus den herrlichen Schwemmholzstücken.

Aha!

Löcher im Treibholz stammen von Holzbohrasseln und „Schiffsbohrwürmern" (= Muscheln).

Fisch-Schlüsselanhänger

Du brauchst noch:

- Metallöse
- Metall-Schlüsselring
- Acrylfarben

So geht's:

1. Befestige die Metallöse an der Spitze des Schwemmholzes.
2. Drehe den Schlüsselring in die Öse.
3. Bemale das Schwemmholz wie ein Fisch.

Schwemmholz-Flugzeug

Die drehenden Propeller zeigen dir an, wie stark der Wind geht.

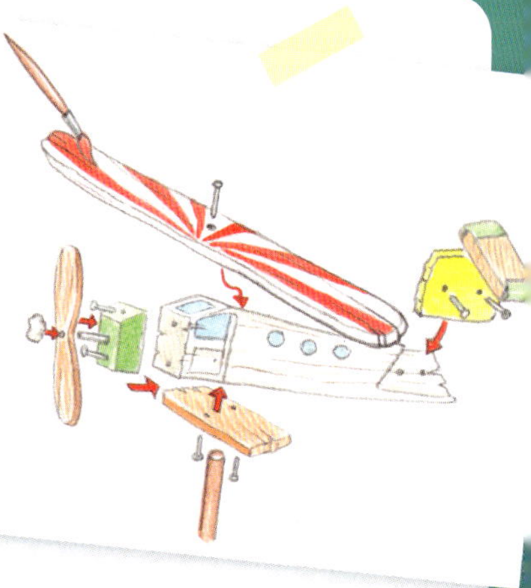

Du brauchst noch:

- kurze Nägel
- Metallstift
- Kaugummi
- Schleifpapier
- Acrylfarben
- Hammer
- Bohrer
- evtl. Säge

So geht's:

1. Säge die Teile ähnlich der Zeichnung zu oder verwende Schwemmholz-Stücke.
2. Glätte die Holzkanten mit Schleifpapier.
3. Bemale die Teile.
4. Nagle die Teile zusammen.
5. Bohre den Metallstift auf die Flugzeug-„Nase".
6. Bohre ein Loch in die Propellermitte.
7. Stecke den Propeller auf den Stift, mit Kaugummi sichern.

Holzgirlande fürs Fenster

Du brauchst noch:

- Schnur
- Bohrer

So geht's:

1. Bohre in jedes Schwemmholzstück ein Loch.
2. Fädle die Stücke auf die Schnur.
3. Du kannst auch Perlen und andere Fundstücke mit auffädeln.

Strand-Schätze: Algen und Tange

Durch die angespülten Algen und Tange bekommst du einen Eindruck von der Pflanzenwelt des Meeres. Stürme reißen diese Meerespflanzen vom Untergrund im Meer los und treiben sie an Land.

Biologen unterscheiden bei den Algen und Tangen:

Grünalgen:
sind grün (besitzen denselben grünen Blattfarbstoff wie die Pflanzen im Garten)

Braunalgen:
sind olivgrün bis dunkelbraun gefärbt und ledrig derb

Rotalgen:
die artenreichste Algengruppe, oft buschige oder blättrige Formen in Rottönen

Häufig angespülte Algen und Tange:

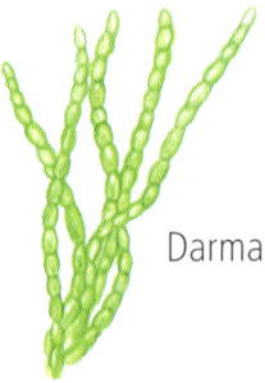
Darmalge

Meersalat (glitschig)

Blasentang (bis zu 70 cm lang)

Sägetang (ohne Schwimmblasen)

Zuckertang (oft schleimig)

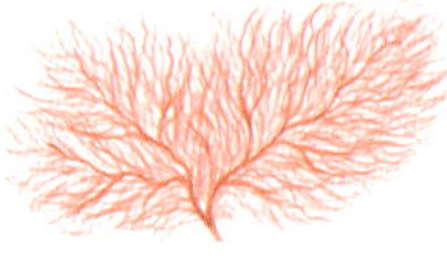
Röhrentang

Kamm-Rotalge

Aha!

Der Zuckertang heißt so, weil seine bis zu 4 m langen blattähnlichen Teile süß schmecken.

Strandräuber-Tipp

Leckeres Rezept: Käsestücke mit Zuckertang umwickeln und in der Pfanne ausbacken.

Blasentang

Aha!

Blasentang hat auffallende Schwimmblasen – sie breiten den Tang im Wasser aus, sodass die Alge optimal mit Licht und Wasser versorgt ist.

Aha!

Braunalgen enthalten viele Alginate, die Zahnpasta, Duschgel, Speiseeis, Sahnetorten und anderen Produkten zugesetzt werden.

Algen pressen …

… für Herbarium, Collagen, Karten, Kalender
Am Strand gesammelte Algen trocken transportieren, nicht in Wasser!

So geht's:

1. Algen kurz unter Leitungswasser abspülen.
2. Handwaschbecken mit Wasser füllen.
3. Algen im Wasser auf weißem Blatt Papier ausbreiten.
4. Papier und Alge vorsichtig aus dem Wasser ziehen.
5. Alge mit Pinzette oder Malpinsel schön flach nebeneinander anordnen.
6. Alge mit Gazestoff (Nylonstrumpf) bedecken, zwischen Zeitungspapier (alle 1-2 Stunden wechseln) pressen.

Strand-Schätze: Steine

Viele Strände sind übersät mit Steinen. Die schönsten nimmst du mit nach Hause, mit all den anderen erschaffst du Naturkunstwerke. Sie bleiben am Strand und laden Wind und Wasser ein, mit ihnen zu spielen.

Rödo-Rapakivi-Granit

Aha!

Stein ist nicht gleich Stein: Mit Glück und Geduld findest du am Strand mehr als 300 verschiedene Gesteinsarten! Darunter:

- Rödö-Rapakivi-Granit (über 1.500 Millionen Jahre alt) aus Mittelschweden
- Chiasma-Sandstein (über 500 Millionen Jahre alt)
- Schlierengneis
- Feuersteine (aus der Kreidezeit, ca. 100 Millionen Jahre alt)

Feuerstein

Feuersteine, auch Flint genannt

= weiße Knollen, innen hell- bis dunkelbraun

- sind sehr hart, lassen sich gut bearbeiten, mit äußerst scharfen Schlagkanten
- in der Steinzeit wichtiges Rohmaterial für Werkzeuge und Waffen
- Feuer machen: mit Pyrit auf Feuerstein schlagen

Aha!

Feuersteinknollen mit einem natürlich entstandenen, durchgehenden Loch sind „Hühnergötter". Sie sind ein Talisman und haben früher Pferde und Kühe in den Ställen vor Hexen und bösen Geistern geschützt.

Strandräuber-Tipp

Wie Käse durchlöcherte Steine
= super als Ständer für Stifte oder zum Aufbewahren von Vogelfedern
Löcher in Steinen und Felsbrocken stammen von Bohrmuscheln!
Sie haben sich jahrelang mühsam eine Wohnstätte in den harten Untergrund geätzt und gefräst.
Schau genau: Findest du darin ihre Schalenklappen?

Stein-Kunstwerke

Mit Steinen kannst du tolle Sachen bauen:

- Wer setzt die Steine zu einem wunderschönen, lückenlosen Mosaik zusammen?
- Wer baut den höchsten Turm aus Steinen?

Sand

= fein zerriebene Steine

- Sammle Sand an verschiedenen Stränden!
- Schüttle Sand in einem Glas mit Wasser auf und lass ihn am Boden absetzen.

Strand-Schätze: Besondere Funde

Außer Muschelschalen, Schneckenhäuser, Algen, Tange und Steine findest du jede Menge Skurriles und Bizarres am Strand. Dabei lernst du noch mehr Meeresbewohner kennen.

Schulp

Regelmäßige Funde sind:

1. bis zu 30 cm lange Schulpe = kalkiges Rückenskelett der Tintenfische (Stützfunktion und Schwebeorgan, weil das Tier darin Gase einlagern oder abgeben kann; dieses System ist schon Hunderte Millionen Jahre alt)
2. tote Strand- und Schwimmkrabben sowie andere Krebstiere

Strandkrabbe

Taschenkrebs

3. kalkige Rückenpanzer oder Scheren von Krabben und Krebsen = stammen nicht nur von toten Tieren, sondern können auch Teile des zu eng gewordenen Panzers sein, den die Krebse bei der Häutung abstreifen
4. verschiedene Eigelege und Laich mit derben Verpackungen wie
   - faustgroße Eiballen der Wellhornschnecken (= dichte Pakete aus vielen miteinander verklebten Kissen)
   - gallertige Eigelege von Grübchen und anderen Meeresschnecken

Strandräuber-Tipp

Untersuche die Eigelege mit der Lupe! Vielleicht entdeckst du darin bereits die sich entwickelnden Jungschnecken.

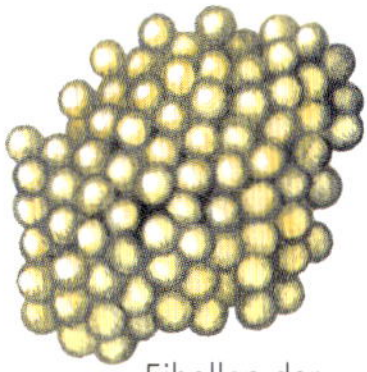

Eiballen der Wellhornschnecke

- „Trauben mit schwarzen zugespitzten Beeren" = Tintenfisch-Laich

Strandräuber-Tipp

Wenn du eine „Beere" (= Ballen) aufschneidest, findest du darin einen winzig kleinen Tintenfisch; wenn der Nachwuchs schlüpft, sind die Eltern schon lange tot.

- kissenförmige Nixentaschen mit langen Fortsätzen an den Ecken (mit denen die Eikapseln an Meerespflanzen und anderen festen Strukturen abgelegt wurden)
- braunschwarze Eikapseln der Nagelrochen (fast quadratisch)
- bräunliche, manchmal durchsichtige Eikapseln der Katzenhaie (länglich rechteckig)

Aha!

Aus den Kissen sind keine Larven geschlüpft, sondern lebende Jungrochen und Jungkatzenhaie; die leeren Hüllen treiben wegen ihres geringen Gewichts auf und werden an den Strand geworfen.

Nixentasche und junger Katzenhai

Strandräuber-Tipp

Besuche ein Aquarium und schau dir dort Nixentaschen mit lebenden jungen Katzenhaien an!

5. verschiedene Quallen (im Sommer und Frühherbst)

Strand-Schätze: Noch mehr Funde

Nach Sturmfluten, im Herbst und im Frühjahr gibt es noch mehr spannende Funde im Angespül am Strand. Dann ist für Strandabenteurer die beste Zeit zum Sammeln.

Seestern

Nach Sturmfluten findest du auch am Strand:

- grobgekittete Röhrenschläuche der Bäumchenröhrenwürmer
- zierliche Köcher des Goldköcherwurms
- Seesterne
- Strandigel, Herzigel, Seeigel, Zwergseeigel
  Meist: sind dies leere kuppelförmige Gehäuse;
  die Höcker = Ansatzstellen der Stacheln
  Mit Glück: unversehrter Igel mit Stacheln; in der Mundöffnung unten sitzt der komplizierte Kauapparat = Laterne des Aristoteles (ein komplizierter Bänder- und Sehnenapparat, eines der größten mechanischen Wunder der Natur!!!)

Strandräuber-Tipp

Beleuchte ein leeres Seeigelgehäuse im Dunkeln von innen mit einer Taschenlampe – super!

Seeigel

Begutachte angespültes Treibgut

Holz und Tange sind fast immer von Meerespflanzen bewachsen oder von irgendwelchen Tieren besiedelt:

- Seepocken (= Rankenfüßer, kleine Krebstiere)

Strandräuber-Tipp

Lege die Seepocken in ein Glas mit Meerwasser und guck dir die Filtrationsbewegungen der Tentakeln mit der Lupe an!

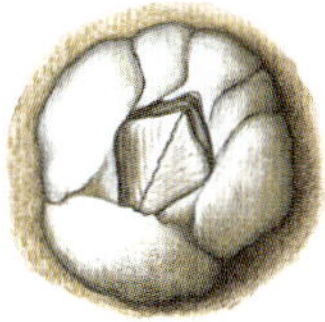

Seepocke

- blaue Schalen der Entenmuscheln (= auch Rankenfüßer)
- Moostierchen (= eigene Gruppe von Meerestieren, bilden flache pelzige oder krustige Überzüge)
- zierliche Spiralen der Posthörnchenwürmer (sehen wie Schneckenhäuschen aus)
- verschnörkelte Gehäuse der Dreikantwürmer

Nach besonders starken Stürmen:

- Fossilien (= versteinerte Reste von ausgestorbenen Tieren) werden aus dem unterseeischen Gestein (vor allem Kreide und Muschelkalk) herausgespült und an den Strand geworfen.

Häufige Funde:

- Donnerkeile = versteinerte Schulpe der Tintenfisch-Vorfahren, die vor Millionen Jahren in den Weltmeeren gelebt haben

Aha!

Seebälle = runde, filzig-faserige Bälle, meist beeren- bis tennisballgroß, aber auch bis zu basketballgroß, bestehen aus herausgerissenen Fasern von Seegräsern, die am Meeresboden wachsen, Brandung formt daraus die Bälle

Aha!

Im Herbst werden auch große Mengen Seegras angespült. Früher haben das die Menschen gesammelt und als Isoliermaterial und zum Dachdecken verwendet.

Strand-Schätze: Federn

Alle Vögel tragen ein Gefieder. Enten, Möwen und die anderen Wasser- und Watvögel wechseln einmal im Jahr ihr Federkleid. Weil diese Mauserzeit im Sommer liegt, findest du dann besonders viele Federn am Strand.

Ein bisschen Federkunde

Schau dir Federn mit der Lupe an:

- Daunenfedern sind das warme Unterhemd der Vögel.
- Konturfedern sitzen am Schwanz, an den Flügeln und bedecken den Körper.
  Sie bestehen aus:

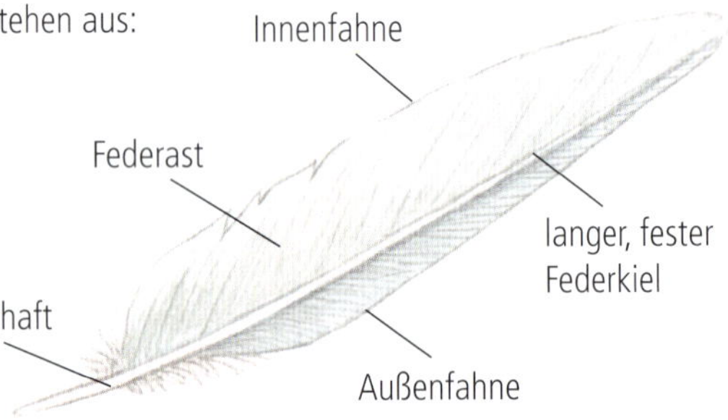

Strandräuber-Tipp

Gute Fundplätze für Federn sind:

- Spülsaum
- Rastplätze der Wasservögel

Federn am Strand :

Austernfischer

Säbelschnäbler

Rotschenkel

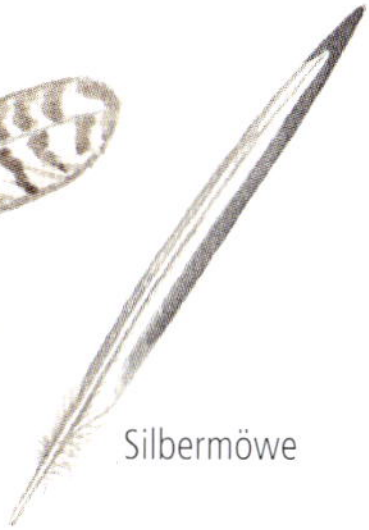

Silbermöwe

Federn sammeln

1. Sammle nur saubere Federn.
2. Wasche die Federn in einer Schüssel mit lauwarmem Wasser und Spülmittel.
3. Gut trocknen lassen.

Eine Federsammlung anlegen

Aufbewahrung:

- einzeln oder zu mehreren in Klarsichthüllen
- in die seitlichen Rillen von Wellpappe stecken
- in aus Knete geformte Kugel stecken

Fantasievögel basteln

Aus Schwemmholz oder Ästen, Federn, Steinen und anderen Fundstücken gestaltest du tolle Vögel.

Du brauchst dazu noch:

- Kleber
- Wasser- oder Acyrlfarben
- Schleifpapier

Halte im Sand auch Ausschau nach den Laufspuren der Vögel!

Strand-Schätze: Treibgut, Müll aus aller Welt

Nicht nur Reste und Teile von Tieren und Pflanzen werden an den Strand gespült, auch jede Menge Müll landet im Spülsaum. Dazu gehören Flaschen, Plastikbehälter, Teile von Fischernetzen, Korkstücke, Styropor und vieles mehr.

Aha!

Müll-Zahlen-Müll

- 78 von 100 am Strand gefundenen Müllteilen sind aus Plastik.
- Plastik hat eine Lebensdauer von 450 Jahren!
- Ein Großteil des Plastikmülls stammt von Schiffen.

Gefährlicher Müll

- Netze, Schnüre = tödliche Fallen, See- und Küstenvögel verheddern sich darin
- leere Glas-, Shampoo- und andere Plastikflaschen = gefährliche Fallen, kleine Meerestiere werden darin gefangen
- Feuerzeuge, Schnuller, Spraydosen = gefährliche „Nahrung", werden von Seehunden, Schweinswalen, Möwen und anderen Meerestieren gefressen

Aha!

Schwarze, klebrige Klumpen am Strand = Öl, stammt meist von Schiffen

- geriet durch Unfall, Nachlässigkeit oder Umweltfrevel ins Meer
- verklebt das Gefieder von Tausenden von See- und Strandvögeln, die daher sterben müssen

Strandräuber-Tipp

Wenn du Plastiktüten im Wasser oder am Strand findest, sammle sie unbedingt auf. Meeresschildkröten verwechseln die im Meer schwebenden Tüten mit ihrer Lieblingsspeise Qualle. Die unverdaulichen Plastiktüten verstopfen den Magen, sodass die Tiere keine Nahrung mehr zu sich nehmen können und verhungern.

Basteln mit Treibgut

Die Strandräuber haben im Sommer am Meer reiche Beute gemacht dank Sucherblick und Finderglück; daraus wurden gebaut:

- eine Flotte aus Nordseeschiffen (aus Schwemmholz, Korken, Müll)
- ein stacheliges Bürstentier (aus alter Bürste, Pinselfunde, Schwemmholz)
- Strandkunst: Skulpturen aus gefundenen Naturmaterialien und Strandmüll

Strandräuber-Tipp

Gräser, Binsen und Algen lassen sich gut wie Schnüre verknoten.

Strandfundsammlung anlegen:

- in einem Setzkasten
- in schönen Schachteln
- in Gläsern
- in dicken Bilderrahmen
- auf einem Naturfund-Regal

Beschrifte jedes Fundstück mit Name, Fundort und Funddatum!

Strand-Schätze: Flaschenpost

Flaschenpost gibt es nicht nur bei Pippi Langstrumpf, bei den Fünf Freunden und den Drei ???, sondern auch in Wirklichkeit: Du kannst sie in Ausstellungen und Museen mit Strandgut begutachten – vielleicht findest du ja auch eine am Strand.

So geht eine Flaschenpost:

1. Brief oder Dokument schreiben
2. Brief, Dokumente und evtl. auch andere Gegenstände in eine leere Flasche stecken
3. Flasche wasserdicht verschließen
4. In einen Fluss oder ins Meer werfen
5. Hoffen, dass die Flaschenpost an einen anderen Ort gespült und gefunden wird

Wer versendete eine Flaschenpost und warum?

- Schiffbrüchige, um gerettet zu werden
- Auswanderer auf langen Schiffspassagen an die Daheimgebliebenen
- Briefmarkensammler, um von fremden Ländern Briefmarken zu erhalten
- Polarforscher in der Arktis, um Nachrichten von der Expedition zu übermitteln
- Meeresforscher, um die Richtung von Strömungen zu ermitteln

Strandräuber-Tipp

Halte Ausschau nach gelben Badewannenentchen:
Am 10. Januar 1992 verlor ein Frachtschiff bei einem schweren Sturm im Nordpazifik drei Container mit etwa 29.000 Kunststofftieren: gelbe Enten, grüne Frösche, blaue Schildkröten und rote Biber. Seitdem wurden sie in Alaska, Australien, Indonesien, Chile, in der Beringstraße, Grönland und England an den Strand gespült. Meeresforscher erfuhren Neues über Meeresströmungen und Ozeanwinde.

Aha!

Über 100 Jahre trieb die bislang älteste Flaschenpost in der Ostsee.

- ausgeworfen am 17.05.1913
- gefunden Anfang März von einem Fischer in der Kieler Förde

Strandräuber-Tipp

Für Tüftler: ein kleines Mini-Schiff, meist ein Segelschiff, bauen und in eine Glasflasche stecken.

Strand-Schätze: Bernsteine

Mit den Stürmen werden auch ganz besondere „Steine" an die Strände der Nord- und Ostsee gespült. Dann kannst du zwischen Holzteilchen, Seegras und Miesmuscheln braune, orange oder hell- bis goldgelbe Bernsteine finden.

Bernsteine = „Gold der Ostsee"
= versteinertes Harz von Nadelbäumen,
die vor vielen Millionen Jahren in Skandinavien wuchsen

Strandräuber-Tipp

Guck dir jeden Bernsteinfund genau an. Vielleicht entdeckst du darin Pflanzen- oder Kleintierfossilien (Spinnen, Skorpione, Fliegen, Stechmücken, Flöhe, Ameisen, Käfer), die einst auf dem Harz kleben blieben, starben und mit dem Harz versteinerten.

So kannst du Bernstein von braunen Glasscherben unterscheiden:

- Bernstein ist leichter und weicher als Glas

Für Schmuckstücke:

- Bernstein mit feinem Poliermittel glatt schleifen
- mit feinem Bohrer Löcher in Bernstein bohren, dabei Bohrer nicht drücken!

Strandräuber-Tipp

Die beste Zeit, um Bernsteine an Nord- und Ostsee zu finden, ist am Morgen nach Herbst- und Winterstürmen.